Ministros da Comunhão Eucarística

Ministros da Comunhão Eucarística

Roteiro para celebrações,
bênçãos e orações

EDITORA VOZES

Petrópolis

© 2010, Editora Vozes Ltda.
Rua Frei Luís, 100
25689-900 Petrópolis, RJ
www.vozes.com.br
Brasil

Mitra Diocesana de Passo Fundo
Rua Coronel Chicuta, 436, 4º andar
99010-051 Passo Fundo, RS

Produção: Centro Diocesano de Pastoral
Coordenador de pastoral: Pe. Ladir Casagrande
Bispo diocesano: Dom Pedro Ercílio Simon

2ª edição, 2013.

3ª reimpressão, 2022.

Todos os direitos reservados. Nenhuma parte desta obra poderá ser reproduzida ou transmitida por qualquer forma e/ou quaisquer meios (eletrônico ou mecânico, incluindo fotocópia e gravação) ou arquivada em qualquer sistema ou banco de dados sem permissão escrita da editora.

CONSELHO EDITORIAL

Diretor
Gilberto Gonçalves Garcia

Editores
Aline dos Santos Carneiro
Edrian Josué Pasini
Marilac Loraine Oleniki
Welder Lancieri Marchini

Conselheiros
Elói Dionísio Piva
Francisco Morás
Ludovico Garmus
Teobaldo Heidemann
Volney J. Berkenbrock

Secretário executivo
Leonardo A.R.T. dos Santos

Editoração: Frei Gustavo Wayand Medella
Projeto gráfico: AG.SR Desenv. Gráfico
Capa: Marta Braiman

ISBN 978-85-326-3999-8

Este livro foi composto e impresso pela Editora Vozes Ltda.

Sumário

Apresentação, 7

1 Orientações para o Ministério da Comunhão Eucarística, 9

   1.1 Ministério da Comunhão Eucarística, 9 • 1.2 Espiritualidade e missão do ministro da Comunhão Eucarística, 10 • 1.3 Os serviços do ministro da Comunhão Eucarística, 11

2 Celebrações, 15

   2.1 Visita e comunhão aos doentes, 15 • 2.2 Visita e comunhão aos idosos, 20 • 2.3 Celebração de aniversário, 26 • 2.4 Celebração do velório de uma pessoa adulta, 30 • 2.5 Celebração do velório de uma criança, 38 • 2.6 Celebração da esperança (ritual de exéquias para adultos), 41

3 Bênçãos, 51

   3.1 Bênção para crianças doentes, 51 • 3.2 Bênção da casa e da família, 55 • 3.3 Bênção de um local de trabalho, 59 • 3.4 Bênção da água, 62 • 3.5 Bênção das velas, 65 • 3.6 Bênção de São Brás, 66 • 3.7 Bênção geral, 68

4 Orações, 71

4.1 Oração ao Espírito Santo, 71 • 4.2 Oração pela saúde, 71 • 4.3 Oração pela família, 72 • 4.4 Oração pelas vocações, 73 • 4.5 Oração de São Francisco, 73 • 4.6 Consagração a Nossa Senhora, 74 • 4.7 Consagração da família ao Sagrado Coração de Jesus, 75

5 Mistérios do Rosário, 77

5.1 Mistérios Gozosos, 77 • 5.2 Mistérios Luminosos, 78 • 5.3 Mistérios Dolorosos, 80 • 5.4 Mistérios Gloriosos, 81

6 Cantos, 83

Apresentação

Tenho a alegria de apresentar a você, ministro ou ministra, este livro que quer ser um roteiro, um manual, uma valiosa ajuda para bem exercer seu ministério.

Este roteiro vai ajudá-lo(a) de modo bem prático a exercer em primeiro lugar o Ministério da Comunhão Eucarística. Mas também traz ajuda para exercer outros ministérios que no dia a dia exigem seu serviço: Ministério da Visitação (bênçãos de casas), Ministério da Esperança (velórios, encomendações) e o Ministério da Palavra (cultos).

Saliento a necessidade de ler e meditar particularmente o primeiro capítulo, que traz orientações gerais, que convém assimilar para haver unidade diocesana no exercício dos ministérios.

Caro(a) ministro(a), Deus chamou você para este ministério. A Igreja acolheu o chamado e lhe conferiu este serviço eclesial tão importante para nossas comunidades. Sinta-se enviado(a) por Cristo, como discípulo(a) missionário(a). Que o Senhor ajude você a trilhar os caminhos da santidade exercendo seu ministério.

Dom Ercílio Simon,
Bispo de Passo Fundo

1
Orientações para o Ministério da Comunhão Eucarística

1.1 Ministério da Comunhão Eucarística

Quando os serviços são repartidos, a comunidade se caracteriza como ministerial. Ministérios ou serviços são as diferentes formas de colaborar com a comunhão e a construção do Reino de Deus. A palavra *ministro* significa *servidor*.

Na Igreja existem diversos tipos de ministérios litúrgicos: ministérios ordenados, próprios dos padres, bispos e diáconos, ministérios instituídos, como no caso dos leitores e acólitos; e os ministérios credenciados, exercidos pelos ministros extraordinários da Comunhão Eucarística, da Palavra, dos enfermos, do Batismo, da assistência ao Matrimônio e da esperança. As circunstâncias e necessidades da comunidade poderão fazer surgir outros serviços e ministérios. Mas lembre-se, o ministro é antes de tudo um evangelizador.

O ministro da Comunhão Eucarística é aquele que serve à comunidade e ao povo em nome de Cristo e da Igreja. Seu serviço é suscitado pelo Espírito Santo e deve ser reconhecido pela comunidade. O ministro precisa ter consciência de que sua missão consiste em manter uma relação íntima entre o ministério que exerce e a comunidade, procurando torná-la mais ativa e missionária.

1.2 Espiritualidade e missão do ministro da Comunhão Eucarística

A Eucaristia é o sacramento da unidade. Por isso, o ministro é aquele que promove a comunhão entre as pessoas, as famílias, as diversas lideranças da comunidade e também do povo com o padre e vice-versa. A espiritualidade do ministro se fundamenta na Palavra de Deus, na Eucaristia e na oração. Ele é testemunha da ressurreição e da vida nova que anuncia. Como promotor da vida comunitária, tem a missão de anunciar o Reino de Deus e denunciar tudo o que se opõe à vida de fé.

Tenha um bom relacionamento e dê testemunho de vida familiar. No trabalho profissional, seja uma pessoa honesta e respeitadora dos direitos dos outros, que viva de acordo com os valores evangélicos e com o Ensino Social da Igreja.

Também fazem parte da espiritualidade do ministro o estudo, as avaliações e os retiros em grupo, além da reciclagem por meio de cursos e encontros promovidos em âmbito diocesano ou paroquial. O serviço de ministro da Comunhão Eucarística tem por objetivo suprir uma necessidade da Igreja. Na condição de servidor, deve ter como grande fonte inspiradora o próprio Cristo, que disse: "O Filho do homem não veio para ser servido, mas para servir" (Mt 20,28).

1.3 Os serviços do ministro da Comunhão Eucarística

• Ministrar a Sagrada Comunhão, quando necessário, durante a Santa Missa.

- Levar a Eucaristia aos doentes em casa, nas instituições de saúde e onde a caridade cristã exigir.
- Observar se existe alguma necessidade urgente e encaminhar.
- Proporcionar aos doentes e seus familiares o conforto cristão.
- Preparar o doente para a recepção dos sacramentos da Confissão e da Unção dos Enfermos.
- Procurar despertar o interesse de todos os membros da família do assistido para que participem da vida comunitária e das celebrações.
- Atender também aos idosos, mesmo não sendo doentes.
- Visitar as famílias, em outras circunstâncias, para uma conversa amiga ou leitura da Palavra de Deus e orações.
- Presidir o culto litúrgico na ausência do sacerdote.
- Transmitir, sempre que oportuno, a mensagem da Palavra de Deus, por ocasião das visitas ou no ambiente comunitário, de forma evangelizadora.

- Participar ativamente da festa de *Corpus Christi*, encontros de ministros e momentos celebrativos na comunidade, paróquia ou diocese.

- Desenvolver as atividades em sintonia com os ministérios afins nas outras pastorais da Igreja, respeitando as decisões e encaminhamentos dos conselhos de pastoral.

- Conhecer as necessidades da comunidade, seus apelos e as prioridades mais urgentes a serem respondidas.

Para a concessão do mandato de ministro(a), cuja duração é temporária, é necessária a participação nos encontros preparatórios organizados pela respectiva paróquia ou diocese. Todos os ministros sigam as orientações aprovadas no *Diretório da Diocese de Passo Fundo*, p. 35-36.

2
Celebrações

2.1 Visita e comunhão aos doentes

- Preparar mesa com toalha, vela, Bíblia, crucifixo e flores.
- Consultar se alguma outra pessoa deseja também comungar.
- Se o doente não tiver condições de comungar, fazer somente o Rito da Palavra e a bênção.

RITO INICIAL

(Depois de saudar os presentes.)

Ministro: Irmãos e irmãs, estamos aqui junto a (**N.**), que abriu as portas de sua casa e de seu coração para acolher a Jesus, que se fez Pão da Vida para todos. Ele quis permanecer conosco no mistério da Eucaristia e hoje se faz presente nesta casa. Por isso, convido a todos para iniciarmos este momento de prece, traçando sobre nós o sinal da cruz.

Todos: Em nome do Pai, do Filho e do Espírito Santo. Amém.

Ministro: Que a graça e a paz de Deus, nosso Pai, estejam nesta casa e, de modo especial, com nosso(a) irmão(ã) (**N.**).

Todos: Amém.

Rito da Palavra

Ministro: Para melhor acolhermos Jesus na Comunhão, escutemos a sua Palavra no Evangelho de São João.

Leitor: O Senhor esteja convosco.

Todos: Ele está no meio de nós.

Leitor: Proclamação do Evangelho de Jesus Cristo segundo João (6,32-34).

Todos: Glória a Vós, Senhor!

Leitor: Naquele tempo disse Jesus: "Na verdade eu vos digo: não foi Moisés quem vos deu o pão do céu. O verdadeiro pão descido do céu é o meu Pai quem vos dará. O verdadeiro pão de Deus é aquele que desce do céu e dá vida ao mundo". Então eles pediram: "Senhor, dá-nos sempre deste pão". E Jesus lhes respondeu: "Eu sou o Pão da Vida descido do céu. Quem come deste pão viverá para sempre". – Palavra da Salvação.

Todos: Glória a Vós, Senhor.

Ministro: Permaneçamos alguns instantes em silêncio para refletir sobre o texto que ouvimos.

(Pode-se repetir algumas frases e/ou fazer um breve comentário espontâneo.)

(Outros textos que poderão ser proclamados pelo(a) ministro(a) ou por outra pessoa presente são: Jo 11,1-6; Mc 2,1-12; Jo 6,51-59; 7,37-39.)

RITO PENITENCIAL

Ministro: Ninguém de nós é perfeito. Por isso, façamos diante de Deus o nosso pedido de perdão:

1) Pelas vezes que nos afastamos de vossa Palavra – Senhor, tende piedade de nós.

Todos: Senhor,...

2) Pelas vezes que perdemos a fé e a esperança – Cristo, tende piedade de nós.

Todos: Cristo,...

3) Pelas vezes que não cuidamos bem dos doentes – Senhor, tende piedade de nós.

Todos: Senhor,...

Ministro: Deus, Pai de bondade e misericórdia, perdoai os nossos pecados e conduzi-nos à Vida Eterna.

Todos: Amém.

RITO DA COMUNHÃO

Ministro: Rezemos a oração que Jesus ensinou aos discípulos.

Todos: Pai nosso...

Ministro: (Oração da Paz.) Senhor Jesus Cristo, dissestes aos vossos apóstolos: "Eu vos deixo a paz, eu vos dou a minha paz". Não olheis os nossos pecados, mas a fé que anima a vossa Igreja. Dai-lhe, segundo a vosso desejo, a paz e a unidade, Vós que sois Deus, com o Pai, na unidade do Espírito Santo.

Todos: Amém.

Ministro: (Apresentando a hóstia para os presentes.) Eis o Cristo, o Pão da Vida. Eis o Cordeiro de Deus que tira o pecado do mundo.

Todos: Senhor, eu não sou digno de que entreis em minha morada, mas dizei uma só palavra e serei salvo(a).

(Depois da distribuição da Comunhão, faz-se um momento de silêncio a fim de que todos possam dialogar com Cristo e fazer a sua ação de graças. Quando houver condições, pode-se entoar alguma canção ou recitar alguma prece, como a *Oração de São Francisco*, p.73).

Ministro: Graças e louvores se deem a todo momento.

Todos: Ao Santíssimo e Diviníssimo Sacramento.

Ministro: Saudemos a Mãe de Jesus, rezando juntos:

Todos: Ave, Maria...

Ministro: (Oração.) Deus, Pai de bondade, Vós nos entregastes vosso Filho Jesus a fim de que vivamos por Ele. Fortalecei a nossa fé e concedei a este(a) vosso(a) filho(a) (**N.**) forças para superar todas as dificuldades. E a nós todos, concedei que, nos momentos de dor e de fraqueza humana, nunca nos falte a serenidade e a paz. Por nosso Senhor Jesus Cristo, que convosco vive na unidade do Espírito Santo.

Todos: Amém.

Ministro: (Convida a todos para estenderem a mão sobre o(a) enfermo(a).) Abençoai, ó

Deus de bondade, este(a) nosso(a) irmão(ã) (**N.**). Enchei o nosso coração de paz, de alegria e de esperança. Que o Deus de ternura e amor, revelado pelo Senhor Jesus, tenha misericórdia de todos nós. O Senhor nos abençoe e nos acompanhe sempre, Pai, Filho e Espírito Santo.

Todos: Amém.

2.2 Visita e comunhão aos idosos

- Preparar mesa com toalha, vela, Bíblia, crucifixo, imagem de Nossa Senhora e/ou Sagrado Coração de Jesus, terço e outros objetos de devoção.
- Consultar se alguma outra pessoa deseja também comungar.
- Podem ser entoadas canções curtas e de conhecimento dos idosos durante a celebração.

RITO INICIAL

Ministro: (Depois de saudar os presentes e se apresentar como ministro da Igreja Católica.) Irmãos e irmãs, estamos aqui juntos a (**N.**), que abriu as portas da sua casa e de seu coração para acolher a Jesus, que se fez Pão da Vida para todos. Ele quis permanecer conosco no mistério da Eucaristia e hoje se faz presente aqui nesta casa. Jesus revelou o mistério de Deus a quem acredita nele e promete que o seu fardo é leve. A vida longa é dom de Deus que deve ser acolhido com alegria e gratidão. Por isso, convido a todos para iniciarmos este momento de prece, traçando sobre nós o sinal da cruz.

Todos: Em nome do Pai, do Filho e do Espírito Santo. Amém.

Ministro: Que a graça e a paz de Deus, nosso Pai, estejam nesta casa e, de modo especial, com nosso(a)(s) irmão(ã)(s) (**N.**).

Todos: Amém.

Ministro: Louvando e agradecendo a Deus pela vida que Ele nos deu, cantemos: "Graças dou por esta vida, pelo bem que revelou. Graças dou pelo futuro e por tudo o que passou. Pelas bênçãos derramadas, pela dor, pela aflição, pelas graças reveladas, graças dou pelo perdão".

Rito da Palavra

Ministro: Para melhor acolhermos Jesus na Comunhão, escutemos a Palavra do Evangelho escrito por Mateus.

Leitor: O Senhor esteja convosco!

Todos: Ele está no meio de nós.

Leitor: Proclamação do Evangelho de Jesus Cristo segundo Mateus (11,25-30).

Todos: Glória a Vós, Senhor.

Leitor: Naquele tempo, Jesus pôs-se a dizer: "Eu te louvo, ó Pai, Senhor do céu e da terra, porque escondeste estas coisas aos sábios e entendidos e as revelaste aos pequeninos. Sim, Pai, porque assim foi do teu agrado. Tudo me foi entregue por meu Pai, e ninguém conhece o Filho, senão o Pai, e ninguém conhece o Pai, senão o Filho e aquele a quem o Filho o quiser revelar. Vinde a mim, todos vós, que estais cansados e fatigados sob o peso dos vossos fardos, e eu vos darei descanso. Tomai sobre vós o meu jugo e aprendei de mim, porque sou manso e humilde de coração, e vós encontrareis descanso. Pois o meu jugo é suave e o meu fardo é leve". – Palavra da Salvação.

Todos: Glória a Vós, Senhor.

Ministro: Permaneçamos alguns instantes em silêncio para refletir sobre o texto que ouvimos.

(Pode-se repetir algumas frases e/ou fazer um breve comentário espontâneo.)

(Outros textos que poderão ser proclamados pelo(a) ministro(a) ou por outra pessoa presente são: Lc 2,25-32; Mt 14,22-33; Mc 3,31-35; Jo 6,51-59; 15,11-17; 1Cor 13,11-13.)

Rito penitencial

(Os idosos podem segurar a cruz de Jesus nas mãos enquanto pedem perdão.)

Ministro: Ninguém de nós é perfeito, todos temos nossos pecados. Deus não quer que fiquemos nos culpando e vivendo tristes e amargurados. Ele estende suas mãos para nós e oferece o seu perdão. Por isso, façamos agora o nosso pedido de perdão:

1) Pelas vezes que nos afastamos da Palavra de Deus – Senhor, tende piedade de nós.

Todos: Senhor,...

2) Pelas vezes que perdemos a fé e a esperança e vivemos desanimados – Cristo, tende piedade de nós.

Todos: Cristo,...

3) Pelas vezes que ficamos murmurando e não reconhecemos o bem que Deus fez em nossa vida – Senhor, tende piedade de nós.

Todos: Senhor,...

Ministro: Deus, Pai de bondade e misericórdia, perdoai os nossos pecados e conduzi-nos à Vida Eterna.

Todos: Amém.

Rito da comunhão

Ministro: Rezemos a oração que o Senhor nos ensinou.

Todos: Pai nosso...

Ministro: (Oração da paz) Senhor, Jesus Cristo, dissestes aos vossos apóstolos: "Eu vos deixo a paz, eu vos dou a minha paz". Não olheis os nossos pecados, mas a fé que anima a vossa Igreja. Dai-lhe, segundo a vosso desejo, a paz e a unidade, Vós que sois Deus, com o Pai, na unidade do Espírito Santo.

Todos: Amém.

Ministro: (Apresentando a hóstia para os presentes.) Eis o Corpo de Cristo, o Pão da Vida. Eis o Cordeiro de Deus que tira o pecado do mundo.

Todos: Senhor, eu não sou digno(a) de que entreis em minha morada, mas dizei uma só palavra e serei salvo(a).

(Depois da distribuição da Comunhão, faz-se um momento de silêncio a fim de que todos possam dialogar com Cristo e fazer a sua ação de graças. Quando houver condições, pode-se entoar alguma canção ou recitar alguma prece, como a *Oração de São Francisco*, p. 73).

Ministro: Graças e louvores se deem a todo o momento.

Todos: Ao Santíssimo e Diviníssimo Sacramento.

(Canto à escolha.)

Ministro: Saudemos a Mãe de Jesus, rezando juntos:

Todos: Ave, Maria...

(Santo Anjo..., Glória ao Pai..., Consagração a Nossa Senhora ou ao Sagrado Coração de Jesus ou outro, p. 74.)

Ministro: (Oração). Ó Deus, que destes ao(à)(s) vosso(a)(s) filho(a)(s) (**N.**) a graça de muitos anos de vida, para que fizesse(m) a experiência de quanto sois bom. Nós vos agradecemos por tê-lo(a)(s) cumulado de bênçãos durante estes anos e vos pedimos a graça de acolher(em) a vida e os anos com alegria, para que goze(m) de boa saúde do corpo, a paz na família, e se esforce(m) para dar a todos um agradável exemplo de sabedoria e de fé. Por nosso Senhor Jesus Cristo, vosso Filho, na unidade do Espírito Santo.

Todos: Amém.

Ministro: (Bênção – Convida a todos para estenderem a mão sobre os idosos.) O Senhor Jesus esteja com vocês para os proteger. Esteja na frente de vocês para os conduzir e atrás de vocês para os guardar. Deus olhe para vocês, conserve a saúde e os abençoe. E a todos vocês aqui reunidos, abençoe o Deus misericordioso, Pai, Filho e Espírito Santo.

Todos: Amém.

Ministro: Louvado seja nosso Senhor Jesus Cristo.

Todos: Para sempre seja louvado.

2.3 Celebração de aniversário

- Esta pequena celebração pode ser feita por ocasião da comemoração de aniversário, na casa ou em outro local.
- Também pode ser adaptada conforme a situação.

Ministro: Em nome da Santíssima Trindade iniciemos esta celebração de ação de graças.

Todos: Em nome do Pai, do Filho e do Espírito Santo.

Ministro: A vida é linda. É preciso alegrar-se e fazer o bem enquanto ela dura. A alegria estampada no rosto de (**N.**) já é resposta de agradecimento a Deus por ter lhe dado a vida. E todos nos alegramos por este momento especial. Deus lhe dê sempre a sua graça, a vida plena, o sorriso nos lábios e o amor para com todos.

Ministro: A Palavra de Deus ilumina a nossa vida e nos aponta o caminho a seguir. Ouçamos um pequeno texto do Evangelho de Mateus (7,24-27).

Leitor: Disse Jesus: "Aquele, pois, que ouve estas minhas palavras e as põe em prática é semelhante a um homem prudente, que edificou sua casa sobre a rocha. Caiu a chuva, vieram as enchentes, sopraram os ventos e investiram contra aquela casa; ela, porém, não caiu, porque estava edificada na rocha. Mas aquele que ouve as minhas palavras e não as põe em prática é semelhante a um homem insensato, que construiu sua casa na areia. Caiu a chuva, vieram as enchentes, sopraram os ventos e investiram contra aquela casa; ela caiu e grande foi a sua ruína". – Palavra da Salvação.

Todos: Glória a Vós, Senhor.

Ministro: A Madre Teresa de Calcutá, ao falar da vida, disse que ela é um grande dom. Ouçamos a mensagem.

Leitor 1: A vida é uma oportunidade, agarre-a. A vida é uma beleza, admire-a. A vida é uma aventura, saboreie-a.

Leitor 2: A vida é um sonho, faça dele realidade. A vida é um desafio, enfrente-o. A vida é dever, cumpra-o.

Leitor 1: A vida é um jogo, jogue-o. A vida é preciosa, cuide bem dela. A vida é uma riqueza, conserve-a.

Leitor 2: A vida é amor, desfrute-o. A vida é um mistério, penetre-o. A vida é promessa, cumpra-a.

Leitor 1: A vida é tristeza, supere-a. A vida é um hino, cante-o. A vida é um combate, aceite-o.

Leitor 2: A vida é uma tragédia, enfrente-a. A vida é uma aventura, ouse-a. A vida é felicidade, mereça-a. A vida é a vida, defenda-a.

Ministro: Rezemos agora a oração que o próprio Cristo nos ensinou, dando-nos as mãos e pedindo para que tenhamos a graça de colocar a vida sempre em primeiro lugar.

Todos: Pai nosso...

Ministro: Estendendo a nossa mão sobre o(a) aniversariante, invoquemos a bênção de Deus: Ó Deus, que sois Pai de todos os dons, nós vos agradecemos pelo dom da vida concedido a este(a) nosso(a) irmão(ã) (**N.**). Vós, que sois a fonte da vida e da graça, concedei-lhe que sempre vos conheça, sirva e ame como o Senhor da vida. Enviai a vossa bênção e proteção sobre (**N.**), para que seja muito feliz na companhia dos seus familiares e amigos.

Todos: Amém.

Ministro: Permaneçam na paz do Senhor e que Ele sempre nos acompanhe.

2.4 Celebração do velório de uma pessoa adulta

Acolhida

Ministro: (Diz que está aí em nome da Igreja Católica para celebrar e rezar pela vida e esperança de ressurreição da pessoa falecida e pelos familiares que estão passando por este momento de pesar.) Todos nós manifestamos nossa solidariedade para com a família do(a) (**N.**), que partiu para participar da vida em comunhão com Deus. A Palavra de Deus é a luz que ilumina nossos passos e esse momento de sentimento e separação. Diante da dor e da morte, só a Palavra de Deus, ouvida com fé, nos ajuda a encontrar uma resposta.

(Canto à escolha.)

Ministro: A fé nos une e nos dá razão de viver e morrer. Rezemos em nome do Pai, do Filho e do Espírito Santo.

Todos: Amém.

Ato penitencial

Ministro: Porque temos muitas limitações na vida, erramos em muitos momentos.

Deus continua oferecendo o perdão quando nós nos arrependemos e nos voltamos para Ele. Na confiança de que Deus perdoou os pecados de (**N.**) e agora estende as mãos para perdoar a cada um de nós, rezemos:

Leitor: "Amarás o Senhor Deus de todo o coração e só a Ele servirás." Por todas as vezes que dispensamos Deus da nossa vida – Senhor, tende piedade de nós.

Todos: Senhor,...

Leitor: Jesus disse: "Tudo o que fizerdes a um destes pequeninos, foi a mim que fizestes". Pedimos perdão pelas vezes que não estendemos a mão aos necessitados e sofredores – Cristo, tende piedade de nós.

Todos: Cristo,...

Leitor: Jesus disse: "Quem come deste pão terá a Vida Eterna, porque o meu corpo é a verdadeira comida e o meu sangue é a verdadeira bebida. Quem deles comer e beber não morrerá". Pedimos perdão pelas vezes que não nos dispomos a escutar a Palavra de Deus e participar da Eucaristia – Senhor tende piedade de nós.

Todos: Senhor,...

Ministro: Pai Santo, Deus eterno e todo-poderoso, nós vos pedimos por nosso(a) irmão(ã) (**N.**), que chamastes deste mundo. Dai-lhe a felicidade, a luz e a paz. Que ele(a), tendo passado pela morte, participe do convívio de vossos santos, na luz eterna, como prometera a Abraão e sua descendência. Que vos digneis ressuscitá-lo(a) e alcance junto a Vós a vida imortal no reino eterno. Por nosso Senhor Jesus Cristo, vosso Filho, na unidade do Espírito Santo.

Todos: Amém.

RITO DA PALAVRA

Ministro: Rezemos o salmo da confiança em Deus. Após cada invocação, digamos:

Todos: Senhor, confiamos em Vós!

Leitor: A Vós, Senhor, elevamos nossa alma, a Vós que sois o nosso Deus. Rezemos. **T**.

Leitor: Em Vós confiamos, que nada nos separe de Vós, rezemos. **T**.

Leitor: Mostrai-nos, Senhor, os vossos caminhos e vossas veredas indicai-nos, rezemos. **T**.

Leitor: Guiai-nos em vossa verdade e ensinai-nos, pois sois o Deus de nossa salvação, rezemos. **T.**

Leitor: Esperamos em Vós todos os dias por causa de vossa bondade, rezemos. **T.**

Leitor: Lembrai-vos de vossa misericórdia, de vosso amor, pois são eternos, rezemos. **T.**

Leitor: Não leveis em conta os pecados de nossa vida, mas lembrai-vos de nós, segundo o vosso amor, rezemos. **T.**

Ministro: Acolhamos a Palavra de Deus que nos fala através do Evangelho de São João. Cantemos (Canto à escolha).

Leitor: (Jo 11,17-27)

(Sugestão de mensagem: preparar conforme a realidade local.)

Ministro: Vamos pensar um pouco sobre estas palavras do Evangelho. Jesus nos diz: "Quem crê em mim tem a Vida Eterna".

• O que é a Vida Eterna? É estar com Deus, viver com Ele, na casa de Deus. Deus nos oferece essa alegria de morar com Ele, Vida Eterna, desde o nosso Batismo, e o fazemos crescer na medida em que vamos assumindo o nosso compromisso cristão.

• Para ver Deus face a face é necessário viver com Ele já nesta vida. Andar com Ele passo a passo. Por isso a Bíblia nos diz que na morte a vida não é tirada, mas transformada em Deus. Não é um fim de tudo, mas um renascer de nova maneira para viver na luz e alegria com Deus.

• Jesus convida Marta e Maria a sair de casa, isto é, sair daquela situação de desespero, choro, lamentação, para dirigir-se junto ao túmulo, acreditar em Cristo e confirmar a ressurreição dos que creem nele. Jesus ainda afirma: "Eu sou o caminho, a verdade e a vida, ninguém vai ao Pai senão por mim".

Continuemos confiando nas promessas de Jesus para que a vida aconteça de fato, em nós e com o nosso(a) irmão(ã).

Profissão de Fé

Ministro: Vamos agora professar a nossa fé. Após cada passagem rezemos:

Todos: Creio, Senhor, mas aumentai a minha fé!

Leitor: Manifestemos nossa fé em Deus que criou tudo para a nossa felicidade neste mundo e que, fazendo-nos parecidos com Ele, nos quer eternamente junto dele. Rezemos. **T**.

Leitor: Manifestemos nossa fé em Jesus Cristo, Filho de Maria, que estando entre nós ensinou o caminho para o Pai e deu sua vida para que tivéssemos a vida em abundância. Rezemos. **T**.

Leitor: Manifestemos nossa fé no Espírito Santo que nos faz viver o que Cristo nos ensinou, preparando-nos assim para a Vida Eterna com Deus. Rezemos. **T**.

Leitor: Manifestemos nossa fé na Igreja, na ressurreição dos mortos e na felicidade eterna de todos os que seguem os ensinamentos de Jesus. Rezemos. **T**.

PRECES

Ministro: Rezemos a oração do Pai-nosso. Jesus rezou com os discípulos e hoje reza conosco:

Todos: Pai nosso...

(Canto à escolha.)

Ministro: Rezemos pedindo a proteção de Maria. Ela participou da vida de Jesus e hoje intercede por nós.

Todos: Ave, Maria...

(Pode-se rezar uma dezena do terço.)

Ministro: Elevemos nossas preces a Deus, rezando:

Todos: Senhor, Vós sois a Ressurreição e a Vida.

Leitor: Pelo(a) nosso(a) irmão(ã) (**N.**), que recebeu no Batismo a semente da Vida Eterna, para que Deus lhe conceda o convívio dos santos, rezemos ao Senhor. **T**.

Leitor: Para que Deus liberte nosso irmão ou irmã do poder das trevas e das penas do pecado, rezemos ao Senhor. **T**.

Leitor: Para que Deus, na sua misericórdia, perdoe os nossos pecados, rezemos ao Senhor. **T**.

Leitor: Por todos os que sofrem, de modo especial os familiares do(a) nosso(a) irmão(ã) (**N.**), hoje falecido(a), para que sejam fortalecidos pela graça de Deus e por nossa solidariedade, rezemos ao Senhor. **T**.

Rito final

Ministro: Rezemos: Em vossas mãos, Pai de misericórdia, entregamos (**N.**), na firme esperança de que ressuscitará com Cristo e com todos os que no Cristo adormeceram. Escutai, em vossa misericórdia, as nossas preces. Abri para ele(a) as portas do Paraíso, e a nós, que aqui ficamos, concedei que nos consolemos com as palavras da fé, até o dia em que nos encontraremos todos com Cristo, no Reino dos Céus. Por nosso Senhor Jesus Cristo, vosso Filho, na unidade do Espírito Santo.

Todos: Amém.

Ministro: O Senhor esteja convosco.

Todos: Ele está no meio de nós.

Ministro: Abençoe-nos o Deus todo-poderoso, Pai, Filho e Espírito Santo.

Todos: Amém.

2.5 Celebração do velório de uma criança

ACOLHIDA

Ministro: (Convida a todos para rezarem junto à criança falecida, em especial na solidariedade para com os pais. É importante falar o nome dos pais e dos irmãos da criança e, se for o caso, o nome dos avós presentes.) Rezemos em nome do Pai, do Filho e do Espírito Santo.

Todos: Amém.

Ministro: Estamos aqui rezando por uma criança que partiu para morar com Deus nos Céus. Rezemos especialmente pelos pais que sofrem a perda do(a) filho(a). Pedimos a proteção e a ajuda de Deus para que os conforte e lhes dê coragem, pois o vazio deixado pelo(a) filho(a) somente poderá ser preenchido por Deus. E Deus se coloca ao nosso dispor.

RITO DA PALAVRA

Ministro: Aclamando a Palavra de Deus, cantemos (Canto à escolha).

Leitor: São Paulo se dirigiu à comunidade, dizendo: "Bendito seja o Deus e Pai de nosso Senhor Jesus Cristo, o Pai das misericórdias e Deus de toda consolação! Ele nos consola em todas as nossas tribulações, para que possamos consolar os que estão em qualquer tribulação, através da consolação que nós mesmos recebemos de Deus" (2Cor 1,3-5).

(Pequeno comentário.)

Ministro: Expressemos nossa confiança em Deus, rezando:

Todos: O Senhor é meu Pastor e nada me pode faltar.

Leitor: O Senhor é meu Pastor, nada me pode faltar, Ele me conduz por verdes campos, Ele me faz repousar em lugares tranquilos. Restaura as minhas forças, leva-me por caminhos seguros, pois Ele, o Senhor, é fiel. Rezemos. **T**.

Leitor: Mesmo que eu tiver que passar por um vale escuro não terei medo algum, pois Tu estás comigo. Ao teu lado eu me sinto seguro. Rezemos. **T**.

Leitor: Sim, tua bondade e teu amor me acompanham a cada instante. Voltarei sempre à casa do Senhor, até o fim da minha vida. Rezemos. **T**.

Ministro: Cristo manifestou amor e estima pelas crianças. Ele via nelas a condição indispensável para entrar no Reino dos Céus. Ele as acolhia e as abençoava. Ouçamos o que nos diz o Evangelho de Marcos.

Leitor: (Mc 10,13-16).

Preces

Ministro: Rezemos a oração que Jesus nos ensinou:

Todos: Pai nosso..., Ave, Maria... (pode-se rezar uma dezena do terço), Glória ao Pai..., Santo Anjo...

Rito final

Ministro: (Bênção.) O Senhor esteja convosco.

Todos: Ele está no meio de nós.

Ministro: Santos de Deus venham em teu auxílio. Os anjos do Senhor te recebam na glória eterna. Jesus Cristo te chamou e te acolheu na felicidade eterna. E a todos vós aqui presentes, Deus abençoe, em nome do Pai, do Filho e do Espírito Santo.

Todos: Amém.

(Asperge o corpo com água-benta.)

2.6 Celebração da esperança (ritual de exéquias para adultos)

Rito inicial

Ministro: (No início da celebração, antes do canto de entrada, é conveniente e útil apresentar o histórico da vida ou breve biografia do(a) falecido(a): serviços prestados à Igreja, características, dons...) Em comunhão com os familiares de (**N.**), nós estamos reunidos para celebrar a esperança. Celebramos a vida deste(a) irmão(ã), que partiu para a Casa do Pai na esperança da ressurreição. Lembramos e trazemos presente a sua vida na família, na comunidade e suas realizações entre nós. Deus acolhe, no seu aconchego, todos aqueles que confiaram na sua misericórdia. Como Jesus morreu e ressuscitou, Deus ressuscitará os que nele morreram. Todos em Cristo terão a vida. Cantemos (Canto de entrada à escolha):

Ministro: Em nome do Pai, do Filho e do Espírito Santo.

Todos: Amém.

Ministro: A paz do Senhor, nosso Deus, o amor de Jesus Cristo e a luz do Espírito Santo estejam com todos vocês.

Todos: Bendito seja Deus que nos reuniu no amor de Cristo.

Ministro: Entreguemos aos cuidados da misericórdia de Deus nosso(a) irmão(ã) (**N.**), que hoje terminou sua caminhada na terra. O Senhor da vida console nossa tristeza e confirme nossa esperança de nos encontrarmos todos, um dia, no Reino Celeste.

Ministro: Dai-lhe, Senhor, o descanso eterno.

Todos: E a luz perpétua o ilumine

Ministro: Descanse em paz.

Todos: Amém.

RITO PENITENCIAL

(Pode ser elaborado ou utiliza-se a fórmula a seguir:)

Ministro: Senhor, tende piedade de nós.

Todos: Senhor,...

Ministro: Cristo, tende piedade de nós,

Todos: Cristo,...

Ministro: Senhor, tende piedade de nós.

Todos: Senhor,...

Ministro: (Oração) Ó Pai, Vós que sois justo, sede misericordioso com este(a) nosso(a) irmão(ã) (**N.**), que chamastes deste mundo. Acolhei-o(a) na alegria eterna. Criado(a) à vossa imagem e semelhança e adotado(a) por Vós como filho(a) pelo Batismo e pela Unção, participe da Comunhão dos vossos santos. Por nosso Senhor Jesus Cristo, na unidade do Espírito Santo.

Todos: Amém.

Rito da Palavra

(A 1ª leitura, o salmo e o Evangelho devem ser escolhidos pelo(a) ministro(a) e proclamados da Bíblia.)

1ª leitura

Sb 3,1-9	Aceitou-os como holocausto
Is 25,6-9	Deus fará desaparecer a morte para sempre
Dn 12,1-3	Os que dormem no pó da terra acordarão
Rm 6,3-9	Caminhemos numa vida nova
Rm 8,14-23	Aguardamos a redenção de nosso corpo
Rm 14,7-12	Quer vivamos, quer morramos, pertencemos ao Senhor
1Cor 15,20-28	Todos serão vivificados em Cristo
1Cor 15,51-57	A morte foi tragada pela vitória
2Cor 5,6-10	Temos uma habitação eterna no céu
1Ts 4,13-18	Estaremos para sempre com o Senhor
2Tm 2,8-13	Se morremos com Ele, com Ele viveremos
1Jo 3,1-2	Nós o veremos como Ele é
1Jo 3,14-16	Passamos da morte para a vida porque amamos os nossos irmãos
Ap 20,11-21	Os mortos serão julgados segundo suas obras
Ap 21,1-7	Não haverá mais a morte

Salmo de Meditação

(Escolher um destes: Sl 22; 24; 26; 41; 62;102; 121; 129; 142 ou outros textos bíblicos.)

Evangelho

Mt 5,1-12	Alegrai-vos e exultai, porque será grande a vossa recompensa nos céus
Mt 11,25-30	Escondestes estas coisas aos sábios e as revelastes aos pequeninos
Mt 25,1-13	Eis o esposo! Ide ao seu encontro!
Mt 25,31-46	Vinde, benditos de meu Pai
Mc 16,1-6	Ele ressuscitou, não está aqui!
Lc 7,11-17	Moço, eu te ordeno, levanta-te
Lc 12,35-40	Vigiai e estai preparados
Jo 6,37-40	Quem crê no Filho terá a Vida Eterna e eu o ressuscitarei no último dia
Jo 6,51-59	Quem come deste pão tem a Vida Eterna e eu o ressuscitarei no último dia
Jo 11,17-27	Eu sou a Ressurreição e a Vida
Jo 11,32-45	Lázaro, vem para fora!
Jo 12,23-28	Se o grão de trigo não morrer, não dará fruto
Jo 14,1-6	Na casa de meu Pai há muitas moradas
Jo 17,24-26	Quero que, onde eu estou, estejam comigo aqueles que me deste

Reflexão

(Fazer um pequeno comentário para aprofundar a mensagem que Deus dirige aos presentes procurando transmitir esperança e manifestar a solidariedade em nome da Igreja.)

PROFISSÃO DE FÉ

PRECES

(Podem ser elaboradas conforme a realidade.)

Ministro: Irmãos e irmãs, rezemos confiantes ao Senhor que, por sua ressurreição, nos garante a vida em plenitude, e digamos:

Todos: Senhor, Vós sois a Ressurreição e a Vida!

Leitor: Cristo, Filho do Deus vivo, que ressuscitastes vosso amigo Lázaro, ressuscitai para a vida da vossa glória nosso(a) irmão(ã) (**N.**). Rezemos. **T.**

Leitor: Cristo, consolador dos aflitos, que, restituindo a vida à filha de Jairo, enxugastes as lágrimas de seus parentes, consolai hoje os que choram a morte de nosso(a) irmão(ã) (**N.**). Rezemos. **T.**

Leitor: Cristo, que ressuscitastes da morte ao terceiro dia, concedei aos nossos falecidos a Vida Eterna. Rezemos. **T.**

Leitor: Cristo, que prometestes preparar para nós um lugar na Casa do Pai, concedei a morada do céu aos fiéis que vos serviram na terra. Rezemos. **T.**

Leitor: Cristo, fonte da vida, tornai-nos todos firmes na fé e defensores da vida. Rezemos. **T.**

Ministro: Ouvi, Senhor, as preces dos que acreditam na ressurreição do vosso Filho. Fazei que vivamos na presente vida com visão de eternidade. Por Cristo, nosso Senhor.

Todos: Amém.

Ministro: Unidos a toda Igreja, especialmente aos familiares de (**N.**), rezemos a oração do Pai-nosso.

Todos: Pai nosso...

Ministro: Maria, a mãe de Jesus, acompanhou o Filho durante a vida, na paixão, morte e ressurreição. Ela permaneceu firme e confiante na promessa do Pai. Confiemo-nos a Maria rezando:

Todos: Ave, Maria..., Glória ao Pai...

Ministro: "Eu sou a Ressurreição e a Vida", diz o Senhor. "Aquele que crê em mim, ainda que tenha morrido, viverá; e todo aquele que vive e crê em mim não morrerá para sempre" (Jo 11,25-26).

Rito de encomendação

Ministro: Em vossas mãos, Pai de misericórdia, entregamos a alma do(a) nosso(a) irmão(ã) (**N.**), na firme esperança de que ele(a) ressurgirá com Cristo, no último dia, como todos os que no Cristo adormeceram. Escutai na vossa misericórdia as nossas preces: perdoai-lhe os pecados da fraqueza humana e abri para ele(a) as portas do paraíso, e a nós que ficamos, pela força do Espírito Santo, concedei que nos consolemos uns aos outros com as palavras da fé, até o dia em que nos encontrarmos todos no Cristo. Por nosso Senhor Jesus Cristo, vosso Filho, na unidade do Espírito Santo.

Todos: Amém.

(Asperge o corpo com água-benta e prossegue rezando: Pai nosso..., Ave, Maria..., Glória ao Pai...)

Ministro: Santos de Deus, vinde em seu auxílio. Anjos do Senhor, correi ao seu encontro. Acolhei a sua vida e o seu espírito, levando-a à presença do Altíssimo. (**N.**), Cristo te chamou. Ele te receba e te dê a paz eterna. Os anjos te conduzam ao paraíso.

(Expressar, em nome da Igreja Católica e do pároco, votos de pesar e de esperança à família enlutada e aos presentes.)

Bênção final

Ministro: O Senhor esteja convosco.

Todos: Ele está no meio de nós!

Ministro: Deus vos abençoe em nome do Pai, do Filho e do Espírito Santo.

Todos: Amém.

Bênção do túmulo

(Recita-se esta oração de bênção antes do corpo ser depositado no túmulo.)

Ministro: Senhor Jesus Cristo, permanecendo três dias no sepulcro, santificastes os túmulos dos vossos fiéis para que, recebendo nossos corpos, fizessem crescer a esperança de nossa ressurreição. Ó Deus, abençoai este túmulo. Purificai de todo pecado o(a) nosso(a) irmão(ã) (**N.**), e descanse em paz neste túmulo, até que Vós o ressusciteis, e assim se alegre para sempre na companhia dos vossos santos. Por nosso Senhor Jesus Cristo, vosso Filho, na unidade do Espírito Santo.

Todos: Amém.

(Asperge o túmulo com água-benta. O corpo é colocado no túmulo, depois reza-se:)

Ministro: Como Deus chamou para si o(a) nosso(a) irmão(ã) (**N.**), nós agora entregamos o seu corpo para ser sepultado. Cristo, que ressuscitou como primogênito dentre os mortos, há de transformá-lo(a) à imagem de seu corpo glorioso. O Senhor receba este(a) nosso(a) irmão(ã) na sua paz e lhe conceda a ressurreição e a Vida Eterna. E, como a fé o uniu na terra ao povo fiel, vossa misericórdia o reúna no céu aos vossos anjos. Por nosso Senhor Jesus Cristo, vosso Filho, na unidade do Espírito Santo.

Todos: Amém.

(Pai nosso..., outras orações.)

3
Bênçãos

A Constituição Conciliar sobre a Sagrada Liturgia *Sacrosanctum Concilium* prevê que certas bênçãos podem ser dadas, também, por leigos (SC 79). Os diversos rituais diocesanos trazem uma série delas, que podem ser presididas por homens ou mulheres, em virtude da graça que lhes foi comunicada no Batismo e na Confirmação e pelo ministério que lhes foi confiado pela Igreja.

3.1 Bênção para crianças doentes

• O ministro fala com a criança e os pais do amor que Deus tem por eles. Lembra que Deus ajuda e deseja que todos tenham saúde perfeita. Ele quis que Jesus crescesse com saúde junto com Maria e José para ter energia e coragem para assumir a missão que Deus lhe tinha destinado. Deus hoje está abençoando esta criança e seus pais porque Ele espera muito dela. Deus quer a vida em plenitude.

Rito inicial

Ministro: Em nome do Pai, do Filho e do Espírito Santo.

Todos: Amém.

Ministro: Deus é Pai e Mãe. Ele quer bem a todos nós. Ele nos acolhe nos seus braços. Ele nos criou para que nós nos queiramos bem e façamos o bem aqui na terra. Ele olha para as crianças, para os pobres. Jesus disse aos discípulos: "Deixai vir a mim as crianças porque o Reino de Deus é das crianças". Ele cuida das crianças com muito amor e carinho. Rezemos a oração do Santo Anjo da Guarda:

Todos: Santo Anjo do Senhor, meu zeloso guardador, se a ti me confiou a piedade divina, sempre me rege, guarda, governa, ilumina. Amém.

Rito da Palavra

Ministro: Jesus sempre manifestou muito amor e carinho para com as crianças. Ouçamos as palavras do Evangelho de Jesus Cristo, segundo Marcos.

Leitor: Evangelho (Mc 10,13-16)

Traziam as crianças para que Jesus as tocasse. Mas os discípulos as repreendiam. Vendo isso, Jesus se aborreceu e disse: "Deixai vir a mim as crianças. Não as proibais porque o Reino de Deus é dos que são como elas. Em verdade vos digo: Quem não receber o Reino de Deus como uma criança não entrará nele". Ele abraçava as crianças e as abençoava, impondo-lhes as mãos. – Palavra da Salvação.

Todos: Glória a Vós, Senhor.

Leitor: Após cada versículo, digamos (Sl 8,1-7):

Todos: Glória a ti, Senhor!

Leitor: Javé, Senhor nosso, como é poderoso o teu nome em toda a terra! Exaltaste a tua majestade acima do céu. Da boca de crianças e bebês tiraste o louvor contra os teus adversários. **T.**

Leitor: Quando contemplo o céu, obra de teus dedos, a lua e as estrelas que fixaste... O que é o homem, para dele te lembrares? O ser humano, para que o visites? **T.**

Leitor: Tu o fizeste pouco menor que um deus, e o coroaste de glória e esplendor. Tu o fizeste reinar sobre as obras de tuas mãos, e sob os pés dele tudo colocaste... **T.**

Preces (espontâneas)

Bênção

Ministro: (Colocando a mão sobre a criança.) Deus Pai, cheio de amor e bondade, que quereis que todos vivam felizes, olhai com bondade para esta criança e fazei que pelo cuidado de seus pais, com o auxílio da medicina, e protegidos com vossa graça e vossa bênção, possa restabelecer a saúde. Tenha vida longa e feliz para vos louvar, dar alegria aos seus pais e trabalhar para a construção de um mundo melhor. Que ela cresça do jeito de Jesus: Em sabedoria, na idade e na graça diante de vós e de todos.

O Senhor Jesus Cristo esteja diante de ti para te conduzir, sobre ti para te abençoar e atrás de ti para te proteger e defender.

A bênção de Deus todo-poderoso, Pai, Filho e Espírito Santo.

Todos: Amém.

Rito final

Ministro: Agora que fomos abençoados por Deus, que com seu grande amor está ajudando a esta criança, rezemos:

Todos: Pai nosso..., Ave, Maria..., Glória ao Pai...

Ministro: Vamos em paz. Deus nos acompanhe.

Todos: Amém.

3.2 Bênção da casa e da família

- Preparar água para bênção, Bíblia, vela, cruz, imagem de Maria...
- Reunir a família para a oração.

Rito inicial

Ministro: Invoquemos a bênção do Senhor sobre esta casa e sobre a família:

Todos: Em nome do Pai, do Filho e do Espírito Santo. Amém!

Ministro: A paz do Senhor esteja nesta casa e com todos os seus habitantes.

Todos: Amém.

Rito da Palavra

Ministro: Irmãos e irmãs, vamos ouvir as palavras do Santo Evangelho escrito por Mateus (7,24-28).

Leitor: Disse Jesus: "Todo aquele, portanto, que ouve estas minhas palavras e as põe em prática, será como um homem prudente, que construiu sua casa sobre a rocha. Caiu a chuva e vieram as enchentes, sopraram os ventos e deram contra a casa, mas ela não desabou. Estava fundada na rocha. Mas todo aquele que ouve estas minhas palavras e não as põe em prática, será como um homem tolo, que construiu sua casa sobre a areia. Caiu a chuva e vieram as enchentes, sopraram os ventos e deram contra a casa e ela desabou e grande foi sua ruína". Ao terminar Jesus estas palavras, a multidão do povo se admirava de sua doutrina. – Palavra da Salvação.

Todos: Glória a Vós, Senhor.

Leitor: Vamos rezar o Salmo 15. Após cada versículo digamos:

Todos: Hoje a salvação entrou nesta casa.

Leitor: Javé, quem pode hospedar-se em tua tenda e habitar em teu monte santo?

Quem age na integridade e pratica justiça. Quem fala sinceramente o que pensa e não usa a língua para caluniar. **T.**

Leitor: Quem não prejudica o seu próximo e não difama o seu vizinho. Quem despreza o injusto e honra os que temem a Javé. **T.**

Leitor: Quem sustenta o que jurou, mesmo com prejuízo seu. Quem não empresta dinheiro com juros, nem aceita suborno contra o inocente. Quem age desse modo, jamais será abalado. **T.**

Preces (espontâneas)

Bênção

Ministro: Rezemos: Senhor Jesus Cristo, nós vos louvamos e bendizemos por esta casa e por esta família. Vós crescestes na casa de Nazaré junto com José e Maria. Visitastes a casa de Zaqueu, Mateus, Marta, Maria e Lázaro. Com a vossa visita entrava naquelas casas o amor, a conversão, o perdão, o diálogo. Visitai, hoje, esta casa e abençoai a família e os seus moradores.

Que todos os que habitarem e visitarem esta casa sintam-se irmãos e amigos. Que nela sempre reine a paz, a justiça e o amor. Não permitais, Senhor, que neste lugar entre a discórdia, o egoísmo, a falsidade ou qualquer espécie de mal, como assaltos, intempéries e tudo o que possa prejudicar o bem-estar e a vida da família.

Fazei, Senhor, deste lar uma experiência do céu, pela acolhida, amizade, fraternidade e união familiar. Dai a esta família o conforto necessário, a saúde, o pão de cada dia e a graça de vos servir e amar. Dignai-vos, Senhor, abençoar e santificar esta casa. Isso vos pedimos por Jesus Cristo, vosso Filho, na unidade do Espírito Santo.

Todos: Amém.

Ministro: Rezemos a *Oração pela família* (p. 72).

(Aspersão da água-benta.)

Ministro: Enquanto rezamos a oração do Pai-nosso, vamos aspergir a casa com água-benta.

RITO FINAL

Ministro: Fique conosco, Senhor, agora e para sempre. Amém. Abençoe-nos o Deus todo-poderoso, Pai, Filho e Espírito Santo.

Todos: Amém.

Ministro: Permaneçamos em Paz e que Deus nos acompanhe.

Todos: Graças a Deus.

(Sugestão de outros textos: Mt 5,13-16; Lc 10,38-42.)

3.3 Bênção de um local de trabalho

RITO INICIAL

Ministro: Em nome do Pai, do Filho e do Espírito Santo.

Todos: Amém.

Ministro: Louvemos com devoção a Cristo, Filho de Deus, que se dignou ser considerado filho de operário, e invoquemos a sua bênção sobre este local de trabalho e sobre todos aqueles(as) que aqui prestam serviço.

Todos: Amém.

RITO DA PALAVRA

Ministro: A Palavra de Deus é luz para nossa vida. Ouçamos o que nos diz São Paulo (1Ts 4,9.10b-12):

Leitor: Leitura da Carta de São Paulo aos Tessalonicenses – Irmãos, no tocante à caridade fraterna, não temos necessidade de vos escrever, porque vós mesmos aprendestes de Deus a vos amar uns aos outros. Mas ainda rogamos, irmãos, que vos aperfeiçoeis cada vez mais. Procurai viver com serenidade, ocupando-vos de vossas próprias coisas e trabalhando com vossas mãos, como recomendamos. É assim que vivereis honradamente aos olhos dos estranhos e não precisareis da ajuda de ninguém. – Palavra do Senhor.

Todos: Graças a Deus.

Salmo

Ministro: Manifestando nossa confiança em Deus, rezemos juntos o refrão do Salmo (127,1-2):

Todos: Dai graças ao Senhor, porque Ele é bom.

Leitor: Se Javé não constrói a casa, em vão trabalham os construtores. **T.**

Leitor: Se Javé não guarda a cidade, em vão vigiam os guardas. **T.**

Leitor: É inútil que vocês madruguem e se atrasem para deitar, para comer o pão com duros trabalhos; aos seus amigos Ele o dá enquanto dormem. **T.**

Preces (espontâneas)

Bênção

Ministro: (Oração.) Ó Deus, de quem desce a plenitude da bênção e para quem sobe a oração dos que vos bendizem, abençoai este local de trabalho, as pessoas que aqui trabalham e todos os que por aqui passarem.

Dai sabedoria a todos para que haja honestidade, justiça e espírito de serviço, e colaborem para a construção de uma sociedade justa e solidária e para a glória de vosso nome.

Protegei este lugar e todas as máquinas e instrumentos de trabalho, para que os trabalhadores e administradores consigam progredir e dele colher o sustento e o bem-estar de suas famílias.

O Senhor Jesus esteja diante de vós para vos conduzir, sobre vós para vos abençoar, e atrás de vós para vos proteger e defender. A bênção de Deus todo-poderoso: Pai, Filho e Espírito Santo desça sobre vós e permaneça para sempre. Amém.

(Aspersão com água-benta.)

Ministro: Rezemos a oração do Pai-nosso, enquanto fazemos a aspersão.

Rito final

Ministro: O Cristo Senhor, que, para realizar a salvação, assumiu o trabalho humano, nos conforte com a sua consolação e nos conceda a sua paz.

Todos: Amém.

Ministro: Continuemos em paz. Deus nos acompanhe.

Todos: Amém.

3.4 Bênção da água

Rito inicial

Ministro: A nossa proteção está no nome do Senhor.

Todos: Que fez o céu e a terra.

Ministro: O Senhor esteja convosco.

Todos: Ele está no meio de nós.

Rito da Palavra

Ministro: Deus nos regenerou em Cristo pela água e pelo Espírito Santo. Vamos ouvir as palavras do Santo Evangelho escrito por João (7,37-39):

Leitor: No último dia da festa, que é o mais solene, Jesus ficou de pé e gritou: "Se alguém tem sede, venha a mim, e aquele que acredita em mim, beba. É como diz a escritura: 'Do seu seio jorrarão rios de água viva'." Jesus disse isso, referindo-se ao Espírito que deveriam receber os que acreditassem nele. De fato, ainda não havia Espírito, porque Jesus ainda não tinha sido glorificado. – Palavra da Salvação.

Todos Glória a Vós, Senhor.

(Canta-se *Eu te peço desta água* ou então:)

Ministro: Após cada versículo, digamos:

Todos: Senhor, dá-me desta água.

Leitor: Eu te peço desta água que Tu tens. É água viva, meu Senhor. Tenho sede e tenho fome de amor e acredito nesta fonte de onde vens. **T.**

Leitor: Vens de Deus, estás em Deus, também és Deus e Deus contigo faz um só. Eu, porém, que vim da terra e volto ao pó, quero viver eternamente ao lado teu. **T.**

Leitor: És água viva, és vida nova, e todo dia me batizas outra vez. Me fazes renascer, me fazes reviver. Eu quero água desta fonte de onde vens. **T.**

Preces (espontâneas)

Bênção

Ministro: Rezemos: Ó Deus, que realizastes pela água os maiores mistérios da Salvação do gênero humano, atendei as nossas orações e derramai sobre esta água a vossa bênção. Fazei que todos quantos utilizarem esta água em vosso nome recebam o vosso auxílio e proteção. Que todos os males sejam afastados e que recebam o maior bem que sois Vós, vossa graça e vosso amor. Isto vos pedimos por Jesus Cristo, Vosso Filho, em comunhão com o Espírito Santo.

Todos: Amém.

Rito final

Ministro: Que esta água lembre o nosso Batismo e o Cristo que nos salvou por sua morte e ressurreição.
Todos: Amém.

3.5 Bênção das velas

Rito inicial

Ministro: Invoquemos a bênção de Deus sobre esta(s) vela(s). Que ela(s) nos lembre(m) o Cristo, luz do mundo. Em nome do Pai, do Filho e do Espírito Santo. Amém.

Rito da Palavra

Ministro: Ouçamos as palavras do Evangelho de Jesus Cristo, segundo João (8,12) – Disse Jesus. "Eu sou a luz do mundo. Quem me segue não anda nas trevas, mas possui a luz da vida". – Palavra da Salvação.

Todos: Glória a Vós, Senhor.

(Mantra: "Ó luz do Senhor, que vem sobre a terra, inunda meu ser, permanece em nós".)

Preces (espontâneas)

BÊNÇÃO

Ministro: Senhor Jesus Cristo, nós vos louvamos e vos bendizemos, porque Vós sois a luz do mundo. Dignai-vos abençoar esta(s) vela(s). Fazei que ela(s) nos lembre(m) o Cristo, luz do mundo. E que nós, que outrora éramos trevas, andemos como filhos(as) da luz. Isso pedimos por Cristo, nosso Senhor. Amém.

RITO FINAL

Ministro: Abençoe-nos Deus, Pai, Filho e Espírito Santo.

Todos: Amém.

3.6 Bênção de São Brás

BÊNÇÃO DAS VELAS

Ministro: A nossa proteção está no nome do Senhor.

Todos: Que fez o céu e a terra.

Ministro: O Senhor esteja convosco.

Todos: Ele está no meio de nós.

Ministro: Oremos: Deus todo-poderoso e cheio de misericórdia, Vós sois bom e digno de louvor. Por vosso poder o mártir São Brás, em proclamação de sua fé, deu testemunho de seu amor por Vós, entregando sua própria vida. Nós vos pedimos que, por sua intercessão e pelos merecimentos do vosso Filho, vos digneis, em vossa bondade, abençoar e santificar estas velas, criaturas vossas. Fazei que todos quantos forem tocados por elas fiquem livres de qualquer doença da garganta e de qualquer outra doença.

Que também nós, Senhor, a exemplo de São Brás, que confessou o vosso nome com a própria vida, saibamos confessar vosso amor de Pai, no dia a dia de nossa existência, e sejamos testemunhas de vossa presença no mundo. Nós vos pedimos, ó Pai, ajudai-nos a fim de que toda a palavra que sair de nossa boca seja sempre de verdade, justiça, bondade, compreensão e perdão. Por Cristo nosso Senhor.

Todos: Amém.

Bênção da garganta

(O ministro aplica duas velas cruzadas na garganta e diz:)

Ministro: Pela intercessão de São Brás, bispo e mártir, Deus vos livre do mal da garganta e de qualquer outra doença. Em nome do Pai, do Filho e do Espírito Santo. Amém.

Rito final

Ministro: O Senhor Jesus Cristo, anunciador da Boa-nova, esteja convosco.

Todos: Amém.

Ministro: Que vos abençoe e vos faça cantar seus louvores.

Todos: Amém.

Ministro: Abençoe-vos Deus todo-poderoso, Pai, Filho e Espírito Santo.

Todos: Amém.

Ministro: Louvado seja nosso Senhor Jesus Cristo.

Todos: Para sempre seja louvado.

3.7 Bênção geral

(Usa-se esta fórmula quando não existe outra específica.)

Ministro: A nossa proteção está no nome do Senhor.

Todos: Que fez o céu e a terra.

Ministro: O Senhor esteja convosco.

Todos: Ele está no meio de nós.

Ministro: Oremos. Ó Deus, que quereis que todas as coisas sirvam ao homem e que o homem sirva a Vós, abençoai esta criatura (dizer o nome do objeto).

Concedei que todo aquele que dele fizer uso, segundo a vossa vontade, receba de Vós todo o auxílio para viver cristãmente e ser feliz nesta e na outra vida. Por nosso Senhor Jesus Cristo, vosso Filho na unidade do Espírito Santo.

Todos: Amém.

4
Orações

4.1 Oração ao Espírito Santo

Vinde, Espírito Santo, enchei os corações de vossos fiéis e acendei neles o fogo do vosso amor. Enviai o vosso Espírito e tudo será criado e renovareis a face da terra.

Oremos: Deus, que instruístes os corações de vossos fiéis com a luz do Espírito Santo, fazei que apreciemos retamente todas as coisas, segundo o mesmo Espírito, e gozemos sempre de sua consolação. Por Cristo nosso Senhor. Amém!

4.2 Oração pela saúde

Ó Jesus, manso e humilde de coração, nós te louvamos e agradecemos porque, sem cessar, fazes maravilhas em favor do teu povo sofrido. Tu és a medicina para todos os males, alivia os sofrimentos e cura as feridas de quantos padecem da alma e do corpo. Ó Senhor, fonte de amor e compaixão, consola os aflitos e alimenta a esperança dos que perderam a alegria de viver. Tu, que és autor da vida, ensina-nos a valorizar e promover a saúde e concede-nos o dom de visitar e animar os que vivem no abandono e na solidão. E a nós, que em ti confiamos, ajuda-nos a transformar a situação de miséria e dor, de tantos irmãos e irmãs que sofrem, em saúde, alegria e paz. Amém.

4.3 Oração pela família

Pai, que nos protegeis, e nos destes a vida para participarmos da vossa felicidade, agradecemos o amparo que nossos pais nos deram desde o nascimento. Hoje queremos vos pedir pelas famílias, para que vivam na união e na alegria cristã. Protegei nossos lares do mal e dos perigos que ameaçam a sua unidade. Pedimos para que o amor não desapareça nunca, e os princípios do Evangelho sejam a norma de vida. Pedimos pelos lares em dificuldade, em desunião e em perigo de sucumbir, para que, lembrados do compromisso assumido na fé, encontrem o caminho do perdão, da alegria e da doação. A exemplo de São José, Maria Santíssima e de Jesus, sejam nossas famílias, uma pequena Igreja, onde se vive o amor. Amém!

4.4 Oração pelas vocações

Jesus, Mestre Divino, que chamastes os apóstolos a vos seguirem, continuai a passar pelos nossos caminhos, pelas nossas famílias, pelas nossas escolas e continuai a repetir o convite a muitos de nossos jovens. Dai coragem às pessoas convidadas. Dai força para que vos sejam fiéis como apóstolos leigos, como sacerdotes, como religiosos e religiosas para o bem do Povo de Deus e de toda a humanidade. Amém!

4.5 Oração de São Francisco

Senhor, fazei de mim um instrumento de vossa paz!

Onde houver ódio, que eu leve o amor.

Onde houver ofensa, que eu leve o perdão.

Onde houver discórdia, que eu leve a união.

Onde houver dúvida, que eu leve a fé.

Onde houver erro, que eu leve a verdade.

Onde houver desespero, que eu leve a esperança.

Onde houver tristeza, que eu leve a alegria.

Onde houver trevas, que eu leve a luz!

Ó Mestre, fazei que eu procure mais

Consolar, que ser consolado;

Compreender, que ser compreendido;

Amar, que ser amado.

Pois é dando, que se recebe.

É perdoando, que se é perdoado;

E é morrendo que se vive para a Vida Eterna!

Amém.

4.6 Consagração a Nossa Senhora

Ó minha Senhora, ó minha Mãe, eu me ofereço todo(a) a Vós, e, em prova de minha devoção para convosco, eu vos consagro neste dia meus olhos, meus ouvidos, minha boca, meu coração e inteiramente todo o meu ser. E como assim sou vosso(a), ó incomparável Mãe, guardai-me e defendei-me como coisa e propriedade vossa. Amém.

4.7 Consagração da família ao Sagrado Coração de Jesus

Senhor, estamos aqui para consagrar a nossa família e nossa comunidade ao vosso Coração Sagrado, cheio de bondade, misericórdia e amor. Dai-nos a paz, espírito de fé e muita esperança para enfrentar com serenidade os desafios e lutas do cotidiano. E que o verdadeiro amor se faça presente, dia e noite, a cada instante, em nossos lares, em nossa comunidade, no coração de cada um de nós.

Sagrado Coração de Jesus, nós temos confiança em Vós. Fazei nosso coração semelhante ao vosso, mais humilde e desprendido, mais generoso e comunitário.

Unidos ao Espírito Santo, imploramos também a bênção especial de Maria Santíssima, Mãe da Igreja, Rainha dos Apóstolos, Estrela da Evangelização, nossa Mãe e protetora. Amém!

5
Mistérios do Rosário

5.1 Mistérios Gozosos

Os Mistérios Gozosos se referem à infância de Jesus, ao começo de sua vida terrena. Segundo São Lucas, Maria guardava todas essas coisas meditando-as em seu coração. Por isso ela veio a ser nosso modelo, como Virgem ouvinte e Virgem orante. Ela acolheu a Palavra de Deus com fé e, crendo, concebeu em seu seio Jesus.

⇒ **Primeiro mistério:** Anunciação (Lc 1,26-38)

Neste mistério contemplamos a anunciação do Anjo Gabriel a Nossa Senhora.

⇒ **Segundo mistério:** Visitação (Lc 1,39-56)

Neste mistério contemplamos a visita de Maria a sua prima Isabel.

⇒ **Terceiro mistério:** Nascimento de Jesus (Lc 2,1-20)

Neste mistério contemplamos o nascimento de Jesus em Belém e a visita dos pastores.

⇒ **Quarto mistério:** Apresentação de Jesus (Lc 2,22-38)

Neste mistério contemplamos a apresentação de Jesus no templo.

⇒ **Quinto mistério:** Maria e José encontram Jesus no templo (Lc 2,41-50)

Neste mistério contemplamos o zelo de Maria e José quando vão procurar Jesus e o encontram no templo entre os doutores.

5.2 Mistérios Luminosos

Passando da infância e da vida de Nazaré à vida pública de Jesus, a contemplação leva-nos aos mistérios da luz. Na verdade, todo o mistério de Cristo é luz. Ele é a "luz do mundo" (Jo 8,12). Mas essa dimensão emerge particularmente nos anos da vida pública, quando ele anuncia o Evangelho do Reino. Cada um desses mistérios é revelação do Reino divino personificado no mesmo Jesus.

⇒ **Primeiro mistério:** Batismo no Jordão (Mt 3,13-17)

Neste mistério contemplamos o início da vida pública de Jesus e seu Batismo por João no Rio Jordão. Peçamos ao Senhor a graça de cumprirmos sempre as promessas do nosso Batismo.

⇒ **Segundo mistério:** Bodas de Caná (Jo 2,1-12)

Neste mistério contemplamos o momento em que Jesus converte a água em vinho e abre os corações dos discípulos para a fé, graças à intervenção de Maria.

⇒ **Terceiro mistério:** Proclamação do Reino de Deus (Mc 1,15; 2,3-13)

Neste mistério contemplamos a pregação de Jesus na qual anuncia o advento do Reino de Deus e convida à conversão.

⇒ **Quarto mistério:** Transfiguração (Lc 9,28-36; Mt 17,1-8)

Neste mistério contemplamos a glória de Deus que resplandece no rosto de Jesus Cristo e a ordem do Pai aos apóstolos, para que escutem o seu Filho.

⇒ **Quinto mistério:** Instituição da Eucaristia (Jo 13,1; Mt 26,26-30)

Neste mistério contemplamos a instituição da Eucaristia, na qual Cristo se faz alimento com o seu Corpo e o seu Sangue.

5.3 Mistérios Dolorosos

Os Mistérios Dolorosos se referem às dores pelas quais Jesus e Sua Mãe, Maria, passaram. Coloquemo-nos no lugar de Jesus, aquele que, para nos redimir, se fez obediente até a morte na cruz, e imitemos a disponibilidade de Maria em cooperar ativamente nesta obra salvadora.

⇒ **Primeiro mistério:** Oração no horto (Mt 26,36-46; Lc 22,39-46)

Neste mistério contemplamos a agonia de Jesus no Horto das Oliveiras.

⇒ **Segundo mistério:** Flagelação de Jesus (Mt 27,11-31; Mc 15,1-15)

Neste mistério contemplemos a flagelação de Jesus e aprendamos a praticar a mortificação dos sentidos.

⇒ **Terceiro mistério:** Coroação de espinhos (Mc 15,16-20; Mt 27,27-31)

Neste mistério contemplamos a coroação de espinhos de Jesus Cristo.

⇒ **Quarto mistério:** Com a cruz nas costas (Mc 15,20-22)

Contemplemos neste mistério Jesus carregando a própria cruz e o caminho para o Calvário.

⇒ **Quinto mistério:** Crucifixão (Lc 23,33-46; Mc 15,23-28)

Contemplamos neste mistério a crucifixão e a morte de Nosso Senhor Jesus Cristo.

5.4 Mistérios Gloriosos

A contemplação do rosto de Cristo não pode deter-se na imagem do crucificado. Ele é o ressuscitado! O Rosário sempre expressou essa certeza da fé, convidando a ultrapassar as trevas da Paixão, para fixar o olhar na glória de Cristo com a Ressurreição e Ascensão.

⇒ **Primeiro mistério:** Ressurreição (Mt 28,1-10)

Neste mistério contemplamos Jesus ressuscitado glorioso e triunfante, três dias depois de sua morte na cruz.

⇒ **Segundo mistério:** Ascensão (Lc 24,44-53)

Neste mistério contemplamos a Ascensão gloriosa de Jesus Cristo ao céu, quarenta dias depois de sua Ressurreição.

⇒ **Terceiro mistério:** Vinda do Espírito Santo (At 2,1-14)

Neste mistério contemplamos a vinda do Espírito Santo sobre Maria e os apóstolos.

⇒ **Quarto mistério:** Assunção (At 12,1-6)

Neste mistério contemplamos a Assunção de Maria de corpo e alma ao Céu.

⇒ **Quinto mistério:** Coroação (Sl 45; Lc 1,46-55)

Neste mistério contemplamos a Coroação de Nossa Senhora como Rainha do céu e da terra.

6
Cantos

1) *Pelas estradas da vida*

Pelas estradas da vida / nunca sozinho estás. / Contigo pelo caminho / Santa Maria vai. **R.**

Refrão: //: Ó vem conosco, vem caminhar / Santa Maria, vem ://

Mesmo que digam os homens / tu nada podes mudar, / luta por um mundo novo / de unidade e paz. **R.**

Se pelo mundo os homens / sem conhecer-se vão, / não negues nunca a tua mão / a quem te encontrar. **R.**

Se parecer tua vida / inútil caminhar, / Lembra que abres caminho / outros te seguirão. **R.**

2) *Mãezinha do céu*

Mãezinha do céu, eu não sei rezar. / Eu só sei dizer: quero te amar. **R.**

Refrão: Azul é teu manto / branco é teu véu //: Mãezinha eu quero / te ver lá no céu ://

Mãezinha do céu, Mãe do puro amor. / Jesus é teu Filho, eu também o sou. **R.**

Mãezinha do céu, em tua proteção, / ó guarda meus pais e a todos meus irmãos. **R.**

3) *Com minha Mãe estarei*

Com minha Mãe estarei / na santa glória um dia. / Ao lado de Maria, / no céu triunfarei. **R.**

Refrão: //: No céu, no céu / com minha Mãe estarei ://

Com minha mãe estarei / aos anjos me ajuntando. / Eu, hinos entoando, / louvores lhe darei. **R.**

4) *Pela Palavra de Deus*

Refrão: Pela Palavra de Deus / saberemos por onde andar. / Ela é luz e verdade / precisamos acreditar.

Cristo me chama, / Ele é pastor. / Sabe meu nome, / fala, Senhor. **R.**

5) *Hóstia branca*

Hóstia branca no altar consagrada, / adorável Cordeiro Pascal. / Os mais ímpios mortais regeneras. / Teus devotos defendes do mal. **R.**

Refrão: **Sacrossanto maná dos altares, / corpo e sangue do meu Redentor. / Reverente minha alma te adora, / eu te adoro, mistério de amor.**

Hóstia santa, consolo dos justos, / divinal esperança dos réus. / És no mundo o refúgio das almas, / és a glória dos santos nos céus. **R.**

Hóstia pura, sagrado alimento, / Pão do céu, encerrado no altar. / Oh, eu quero guardar-te em meu peito, / em minha alma fiel consolar. **R.**

Hóstia viva, sacrário de graças / Jesus Cristo, meu Deus e meu Rei, / Eu por Ti viverei santamente / e contente por Ti morrerei.

6) *Dai-nos a bênção*

Refrão: //: Dai-nos a bênção, / ó Mãe querida, / Nossa Senhora Aparecida ://

//: Sob esse manto / do azul dos céus / guardai-nos sempre no amor de Deus ://

7) *Tu deste saúde*

Tu deste saúde aos doentes, Senhor, / mostrando que veio teu Reino de Amor. / Contigo queremos os fracos amar //: Da vida e saúde de todos cuidar ://

Dos cegos curaste a vista, Senhor / mostrando que veio teu Reino de Amor. / Contigo queremos os cegos amar. //: Da vida e saúde de todos cuidar ://

8) *Jesus Cristo, ontem, hoje e sempre*

//: Jesus Cristo, ontem, hoje e sempre, / ontem, hoje e sempre, aleluia ://

9) *Abençoa, Senhor, as famílias*

//: Abençoa, Senhor, as famílias, amém / abençoa, Senhor, a minha também ://

10) *Na vida, caminha quem come deste Pão*

//: Na vida, caminha quem come deste Pão. / Não anda, sozinho, quem vive em comunhão ://

Conecte-se conosco:

f facebook.com/editoravozes

◉ @editoravozes

🐦 @editora_vozes

▶ youtube.com/editoravozes

☎ +55 24 2233-9033

www.vozes.com.br

Conheça nossas lojas:

www.livrariavozes.com.br

Belo Horizonte – Brasília – Campinas – Cuiabá – Curitiba
Fortaleza – Juiz de Fora – Petrópolis – Recife – São Paulo

EDITORA VOZES — VOZES NOBILIS — Vozes de Bolso — Vozes Acadêmica

EDITORA VOZES LTDA.
Rua Frei Luís, 100 – Centro – Cep 25689-900 – Petrópolis, RJ
Tel.: (24) 2233-9000 – E-mail: vendas@vozes.com.br